演奏者が魅力を紹介！

楽器ビジュアル図鑑 3

金管楽器
トランペット　ホルンほか

監修 国立音楽大学／国立音楽大学楽器学資料館　　編 こどもくらぶ

はじめに

楽器は、はるか昔から現在に至るまで、実用や音楽演奏のために世界各地でつくられ、進化してきました。

それぞれの楽器は、形や構造、材質にさまざまな工夫がされていて、耳できくだけでなく、目で見ることでわかるおもしろさもたくさんあります。

このシリーズは次のように6巻にわけ、たくさんの写真をつかって世界と日本のさまざまな楽器の魅力にせまるように構成してあります。

1 弦楽器・鍵盤楽器　バイオリン　ピアノ　ほか
2 木　管　楽　器　フルート　サクソフォン　ほか
3 金　管　楽　器　トランペット　ホルン　ほか
4 打楽器・世界の楽器　ティンパニ　馬頭琴　ほか
5 日　本　の　楽　器　箏　尺八　三味線　ほか
6 いろいろな合奏　オーケストラ　吹奏楽　ほか

なお、このシリーズの特徴は次のとおりです。

- 小学校4年生〜中学校の音楽・器楽の教科書に掲載されている楽器を中心に紹介。
- 楽器の写真を大きく見開きで見せ、さらにユニークな構造部分をクローズアップして説明。
- 代表的な楽器は、音が出るしくみを図や写真でわかりやすく紹介。
- 演奏姿勢やアンサンブルなどの写真をたくさん掲載。
- それぞれの楽器の演奏者に、楽器の魅力をインタビュー。

もくじ

金管楽器ってなに？ ……………………… 4

トランペット　6
トランペットの演奏 ……………………… 8
演奏者に聞いてみよう！ ………………… 10
トランペットのなかまと歴史 …………… 12

ホルン　14
ホルンの演奏 ……………………………… 16
演奏者に聞いてみよう！ ………………… 18
ホルンのなかまと歴史 …………………… 20

トロンボーン　22
トロンボーンの演奏 ……………………… 24
演奏者に聞いてみよう！ ………………… 26
トロンボーンのなかまと歴史 …………… 28

チューバ　30
チューバの演奏 …………………………… 32
演奏者に聞いてみよう！ ………………… 34
チューバのなかまと歴史 ………………… 36

ユーフォニアム　38
ユーフォニアムの演奏 …………………… 40
ユーフォニアムのなかまと歴史 ………… 41
演奏者に聞いてみよう！ ………………… 42

さらにくわしく！ 金管楽器のアンサンブル … 44
さくいん …………………………………… 46

この本のつかい方

この本では、金管楽器について、「音の出るしくみ」や「演奏方法」「演奏者に聞いてみよう！」「なかまと歴史」などの項目にわけ、紹介しています。

● 英語表記
括弧内は譜面などにつかわれる代表的な略記号です。

● 楽器の名前

● 各部の名前
楽器の重要な部分の役割を知ることができます。

● 音域
初心者のために、無理なく出すことのできる音の高低の範囲（音域）を示しています。

● 楽器の写真
写真を大きく掲載。楽器のひみつをクローズアップします。

● もっと知りたい
各項目についてよりくわしい内容や関連することがらを紹介しています。

● 音の出るしくみ
楽器の音が出るしくみや音の高さが変わるしくみを図や写真で解説しています。

● 演奏方法
楽器の構え方の基本や音を出すときのコツを写真で紹介しています。

● 演奏者に聞いてみよう！
演奏者に楽器の魅力やおすすめの曲をインタビューしています。

● なかまと歴史
昔の楽器やなかまの楽器を写真で紹介しています。

● さらにくわしく！
金管楽器の演奏をさらに楽しむための情報を掲載しています。

3

金管楽器ってなに？

金管楽器は管楽器のうち、マウスピース（→p7）を用い、くちびるの振動で音を出す楽器です。トランペット、ホルン、トロンボーン、チューバ、ユーフォニアムなどがあります。管が長くて太い楽器ほど、低い音が出ます。マウスピースの大きさも楽器によって異なります。多くは金属製ですが、昔の楽器には木や動物の角でつくられているものもありました。

トランペット
6～13ページ

ホルン
14～21ページ

トロンボーン
22～29ページ

写真提供：ヤマハ株式会社

◆マウスピースの大きさくらべ

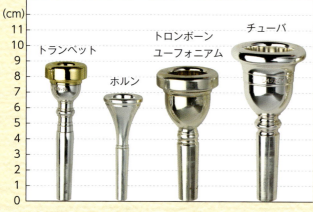

◆管の長さくらべ

それぞれの楽器の管をまっすぐにのばしたときの長さをくらべてみよう！

楽器	長さ
トランペット	約130cm
ホルン	約370cm
トロンボーン	約270cm
ユーフォニアム	約270cm
チューバ	約430cm

チューバ
30～37ページ

ユーフォニアム
38～43ページ

写真提供：
ヤマハ株式会社

写真提供：
ヤマハ株式会社

◆ 音域（実音）くらべ

真ん中のド

(+)ソ	トランペット（→p7）	ラ♭(+)	
(+)ド	ホルン（→p14）	ド (+)	
(+)ファ	トロンボーン（→p22）	ラ♭(+)	
(+)ミ	ユーフォニアム（→p39）	ソ (+)	
(+)ソ	チューバ（→p30）	シ♭(+)	

※ 楽器の音域は、演奏者個人の能力レベルによって変わるため、この本では初心者のために無理なく出すことのできる音域を示している。(＋)の印は上級レベルの演奏者向けに（上または下の）音域拡張の可能性を示している。楽器によっては譜面に記された音（記譜音）と実際に出る音（実音）が異なる場合がある。

Trumpet (Tp.)

トランペット

トランペットは、古来より戦いの合図や儀式などに用いられてきました。現在でも式典などで力強いファンファーレを奏でる楽器です。オーケストラや吹奏楽、ジャズなどでは花形楽器として活躍します。

■ 華やかさや力強さを象徴する金管楽器

トランペットは金属の管の先に、朝顔のように開いたベルをつけた楽器が発展してできました。金管楽器の中では最も管が短く、高音のパートを担当します。初期の楽器（→p12）は出せる音が限られていましたが、19世紀に管の長さが自由に変えられるバルブがとりつけられると、音階が容易に演奏できるようになり、オーケストラの主要な楽器となりました。20世紀には、クラシック音楽だけでなく、ジャズやポピュラー音楽でも活躍するようになりました。

ピストンバルブ
マウスピース側から第1、第2、第3ピストンという。右手の人差し指、中指、薬指でおす（→p8）。

マウスピース
くちびるをあてて振動させて音を出す（→p8）。

写真提供：ヤマハ株式会社

トリガー
左手の親指と薬指をかけて楽器をささえる。

クローズアップ　トランペットのひみつ

トランペットは、3つのピストンバルブを操作して演奏します。ベルはメガホンのように大きな音を生みだす大切な部分です。オーケストラや吹奏楽で最も一般的につかわれているトランペット（B♭管）をクローズアップします。

トランペットの音域

記譜音（+）　実音（+）

ベル

指かけ
右手の小指をかける。

主管抜差管
この部分を少しずつ動かしてほかの楽器と音合わせ（チューニング）する。

ウォーターキー
ここをおして管内にたまった水滴を外に出す。

・もっと知りたい・
マウスピースの形

マウスピースは、カップの深さやリムの厚さが異なるさまざまな種類がある。カップの深い方がやわらかい音、浅い方が鋭く明るい音がする。

リム
カップ

写真提供：ヤマハ株式会社

トランペットの演奏

音 の出るしくみ

金管楽器はマウスピースにあてたくちびるを振動させて音を出すので、演奏者は自分のくちびるの大きさにぴったり合うマウスピースを選ぶことが重要となります。出したい音色に合わせて複数のマウスピースをつかいわけることもあります。

また、トランペットの音の高さはピストンバルブによって変えます。ピストンをおすことで、息の通り道が切りかわって管が長くなります。さらに同じ指づかいでも吹き方によって音の高さが変えられます。3本のピストンバルブ操作の組みあわせで、音階を吹きわけることができます。バルブシステムにはピストンバルブだけでなく、ロータリーバルブ（→p16）もあります。

●音の出し方

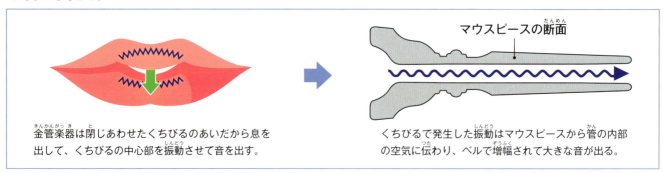

金管楽器は閉じあわせたくちびるのあいだから息を出して、くちびるの中心部を振動させて音を出す。

くちびるで発生した振動はマウスピースから管の内部の空気に伝わり、ベルで増幅されて大きな音が出る。

●ピストンバルブ

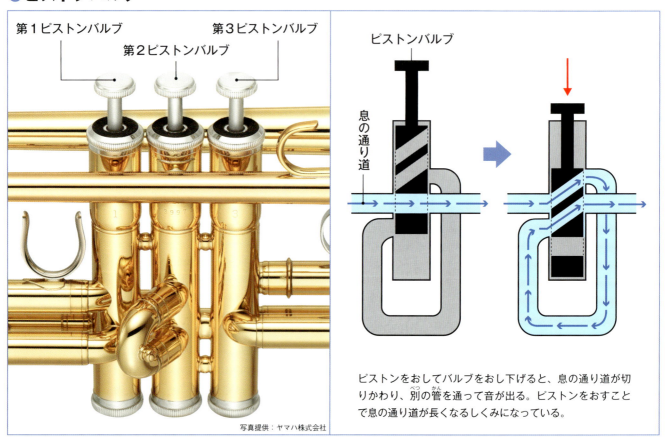

写真提供：ヤマハ株式会社

ピストンをおしてバルブをおし下げると、息の通り道が切りかわり、別の管を通って音が出る。ピストンをおすことで息の通り道が長くなるしくみになっている。

演奏方法

トランペットは左手で楽器をささえ、右手でピストンバルブを操作して演奏します。演奏するときは、トリガーに左手の親指と薬指をかけます。右手は第1、第2、第3ピストンの順に、人差し指、中指、薬指をのせ、指かけに小指をかけます。ベルは正面に向くように構えます。

〈トランペットの構え方〉

右手でピストンバルブをおす。

ベルが正面にくるように、楽器を構える。

くちびるをはって、横から息がもれないようにマウスピースにまっすぐ息を吹きこむ。

演奏者に聞いてみよう！

● トランペット奏者

小番 由華 さん

国立音楽大学音楽学部演奏・創作学科弦管打楽器専修4年。
秋田県生まれ。10歳よりトランペットをはじめる。第22回、第23回浜松国際管楽器アカデミーにて、デイヴィッド・ビルジャー氏のクラスを受講。これまでにトランペットを井上直樹、山本英助の各氏に師事。

演奏者に聞きたい♪トランペットの魅力♪

Q トランペットを選んだきっかけを教えてください。

A 母の影響で吹奏楽が好きになり、小学生のときに放送されていたテレビ番組でトランペットの男の子の特集をしていたのを見て、かっこいいと思い、はじめました。

Q 毎日どのような練習をしていますか？

A 基礎練習では、ロングトーン*1、リップスラー*2、タンギング*3などをおこないます。その後オーケストラの曲やソロ（1人で演奏する）の曲を練習しています。

基礎練習の教材。おもにこれらをバランスよく練習している。

*1 安定した音をつくるために、ひとつの音をできるだけ長く吹きのばすこと。
*2 同じ指づかいで息のスピードや口の形をコントロールして、ひとつの音から別の音へなめらかに吹く。
*3 舌を用いる奏法。

Q トランペットを演奏していて一番うれしかったことを教えてください。

A うれしかったことはたくさんありますが、とくにうれしかったことは、トランペットをはじめるきっかけをくれた母が、わたしの演奏をきいて、泣くほど感動してくれたことです。

Q トランペットを演奏していて大変なことを教えてください。

A 長時間演奏していると、くちびるがつかれてしまって、自分の思うように演奏できなくなってしまうことです。

Q トランペットに向いている人は？

A 「かっこいいことが大好き！」「みんなに注目されたい！」と思っている人には、トランペットがぴったりだと思います。

息をたくさんつかって楽器全体が響くように心がけています。

Q トランペットの魅力を教えてください。

A トランペットの魅力はたくさんあります。キラキラと輝かしい音でファンファーレを吹いたり、ときにはやわらかくて繊細な音でメロディーも吹いたりすることもできる、そんないろいろな役を演じることができる俳優さんのようなところが魅力です。

Q 今までトランペットを演奏してきたなかで印象に残っている舞台を教えてください。

A 大学3年生の12月に、所属している大学の金管バンドのサークルが、台湾の嘉義市国際バンドフェスティバルに招待され、台湾で演奏したことです。たくさんのお客さんから、拍手や歓声をいただき、演奏が終わったあとは、達成感で涙が出ました。

Q 今後の目標や夢を教えてください。

A きいてくれた人たちが、元気になったり、楽しく笑顔になったり、幸せな気持ちでいっぱいになったりするような演奏ができる、トランペット奏者になりたいです。

♪嘉義市国際バンドフェスティバル　演奏曲目♪
1. ポール・ロヴァット＝クーパー「ウォーキング・ウィズ・ヒーローズ」
2. ジョゼフ・トゥリン「ダイアナのための賛歌」
3. フィリップ・スパーク「パントマイム」
4. フィリップ・スパーク「祝典のための音楽」
5. ヨハン・ネポムク・フンメル「トランペット協奏曲」
6. 岩井直溥「八木節」
7. ヴィム・ラセロムズ「マジック・スライド」
8. フィリップ・スパーク「オリエント急行」ほか

野外ステージの客席。

嘉義市国際バンドフェスティバルの野外ステージ。金管楽器と打楽器のメンバーで演奏した。

好きなトランペット奏者

アリソン・バルサム
イギリス出身のトランペット奏者です。完璧な演奏テクニックと、譜面通りに完璧に吹くのでなく、譜面に隠されたものを読みとる表現力がとても魅力的です。

デイヴィッド・ビルジャー
フィラデルフィア管弦楽団首席トランペット奏者。浜松国際管楽器アカデミーでレッスンを受けたときに、軽やかで輝かしく、まさにトランペットの魅力のつまった演奏に感激しました。

山本英助
わたしの師匠の山本英助先生のピッコロトランペットの演奏は、力強くかつ繊細な音色がとても魅力的です。

● おすすめの曲とききどころ ●

①ウィリー（ヴァシリー）・ブラント「コンサート・ピース第2番」
華やかにはじまり、しっとりとしたメロディーもあり、最後は軽快なリズムでフィナーレをむかえる曲です。高度な技術が盛りだくさんの曲です。

②ニニ・ロッソ「夜空のトランペット」
この曲をニニ・ロッソ自らが演奏すると、トランペットという楽器そのものが言葉になり、感情を伝えているようです。

トランペットのなかま と 歴史

トランペットの祖先というべき楽器が登場したのは
今から3000年以上前の古代エジプトや古代ローマ時代です。
戦いの合図などにつかわれました。

トランペットの歴史

古代エジプトのツタンカーメンの墓からは、長い管にベルをつけた形のトランペットがみつかっています。これは、音を出して人びとに合図をするためにつかわれていました。

作曲家のバッハやヘンデルが活躍したバロックや古典派のころ（17世紀〜19世紀初め）につかわれていた「ナチュラルトランペット」は金属製の管を巻いた形で、管は現代の倍の長さでした。

ナチュラルトランペット
バロック時代や古典派のころのトランペット。王宮で普及し、楽器の下に紋章の入った旗を下げて演奏した。バルブがついていないので、口の形や吹き方で音を変えていた。

19世紀になると「ナチュラルトランペット」にバルブをつけた「バルブトランペット」が誕生し、自由にメロディが吹けるようになりました。

その後、より明るい音で、音をはずさずに演奏できるように、管の長さを短くした現代のトランペットに改良されます。

バルブトランペット
ナチュラルトランペットにバルブをつけたトランペット。

写真提供：浜松市楽器博物館

写真提供：浜松市楽器博物館

トランペット

トランペットのなかま

管の長さや管の巻き方のちがいによりさまざまな種類があります。

コルネット
トランペットよりも管がゆるやかに巻いてあり、やわらかい音色を持つ。

写真提供：ヤマハ株式会社

ピッコロトランペット
通常のトランペットより1オクターブ上の音が出る。

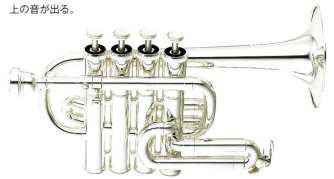
写真提供：ヤマハ株式会社

フリューゲルホーン
ビューグル（→p20）という狩りや軍隊などでつかわれたラッパが進化したもの。管が太く広がっているためコルネットよりもやわらかい音がする。

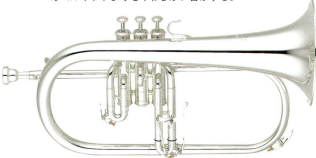
写真提供：ヤマハ株式会社

ファンファーレトランペット
全長は約120cm。長くのびたベルには旗を取りつけるため、2つのリングがついている。式典でのファンファーレなどの演奏で、輝かしい音を響かせる。

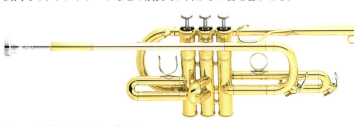
写真提供：ヤマハ株式会社

ロータリートランペット
ピストンバルブでなく、ホルンと同じロータリーバルブ（→p16）となっている。丸みのあるやわらかな音色を奏でる。

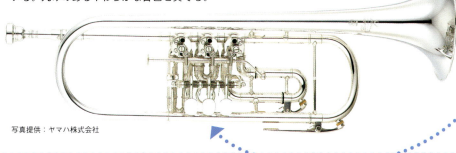
写真提供：ヤマハ株式会社

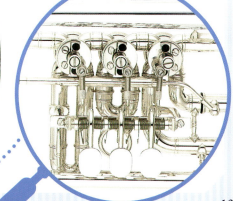

13

ホルン

Horn (Hr.)

「Horn（角）」という名前の通り、ホルンの祖先は動物の角からつくられた角笛です。金管楽器特有の力強い音色だけでなく、弦楽器や木管楽器ともよく調和する、やわらかく牧歌的な音色を奏でることができます。

■ 最も音域を広く出せる可能性を持つ金管楽器

　角笛を祖先とするホルンは、やがて長い金属製の管でつくられるようになり、持ち運びしやすいようにぐるぐると管が巻かれた形になりました。大きく広がったベルに右手を入れて、音の高さや音色を微妙に調整しながら演奏します。金管楽器の中で、最も音域を広く出せる可能性を持ち、神秘的な雰囲気から、勇ましさや快活さまで表現することができます。ベートーベンをはじめとする作曲家にも愛され、オーケストラなどで魅力あふれるフレーズを奏でます。

ベル
右手を入れて音の高さや音色を調整する。
ケースに収納しやすいように、ベルが取りはずせるものと、取りはずせない一体式のものがある。

ホルンの音域

記譜音　実音

🔍 クローズアップ　ホルンのひみつ

　ホルンは3つのレバーを左手でおして、ロータリーバルブを操作し、息の通り道を切りかえます。右手はうしろを向いたベルの中に入れます。現在最も広くつかわれているホルンは、FとB♭という2種類の管を組みあわせたF／B♭ダブルホルン（写真）です。

・もっと知りたい・
第4レバーの役割
ダブルホルンは2種類の管を組みあわせ、ひとつの楽器で吹けるように、管がF管とB♭管の2段になっている。左手の親指で第4レバーをおして管を切りかえている。管を切りかえることで、ひとつの楽器でかんたんに出すことのできる音の数が増える。

マウスピース

主管抜差管
この部分を少しずつ動かしてほかの楽器と音合わせ（チューニング）する。

第4レバー（切りかえバルブ）

レバー
マウスピース側から第1、第2、第3レバーという。左手の人差し指、中指、薬指でおす。

フック
左手の小指をかけて楽器をささえる。

ロータリーバルブ
第1、第2、第3レバーをおして動かし、息の通り道を切りかえる。

写真提供：ヤマハ株式会社

ホルンの演奏

音 の出るしくみ

　ホルンは、トランペットと同様にマウスピースにあてたくちびるを振動させて音を出す楽器です（→p8）。

　音の高さはロータリーバルブによって変えています。レバーをおすことで、丸いバルブが回転して息の通り道が切りかわり、管が長くなります。また、ベルの中の右手の役割も重要です。手の入れ方によって息の通り道が変わり、音の高さや音色が変わります。

● ロータリーバルブ

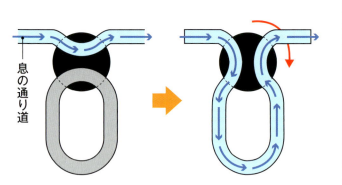

レバーをおしてロータリーバルブを回転させると、息の通り道が切りかわり、別の管を通って音が出る。レバーをおすことで息の通り道が長くなるしくみになっている。

- 第1レバー
- 第2レバー
- 第3レバー
- ロータリーバルブ
- 第2抜差管
- 第1抜差管
- 第3抜差管

写真提供：ヤマハ株式会社

・もっと知りたい・
音色を変えるミュート

　ミュートとは、楽器の音を弱めるために、必要に応じて楽器につける器具のこと。音楽表現として音を弱めるときにつかわれる。譜面にミュートをつけるように指示がある場合と、指揮者の判断で音をおさえる場合がある。

ホルンの場合は、通常は右手を入れているベルの中にミュートを入れて、右手でミュートをささえて演奏する。

演奏方法

金管楽器の多くは右手でピストンあるいはレバーを操作しますが、ホルンは右手をベルの中に入れ、左手でレバーをおして演奏します。楽器の重さは管の厚さなどにもよりますが、シングルホルン（→p21）で2.0kg、ダブルホルン（→p14）は2.5kgくらいです。演奏するときは、左手の小指とベルの中に入れた右手で楽器をささえています。ベルの角度や右手の形が音色に影響するため、楽器の構え方がとても重要です。

〈ホルンの構え方〉

右手はベルの中に入れて楽器をささえる。

左足を前に、右足を少しうしろに下げて構えると吹きやすい。

左手でレバーをおす。

演奏者に聞いてみよう！

●ホルン奏者

寺田 妃裟里 さん

国立音楽大学音楽学部演奏・創作学科弦管打楽器専修3年。
静岡県生まれ。13歳よりホルンをはじめる。第16回日本ジュニア管打楽器コンクール金賞、日本ホルン協会'15ジュニアソロホルンコンクール第2位、第22回KOBE国際音楽コンクール最優秀賞受賞。これまでにホルンを齋藤磨理子、松浦謙、中島大之、日高剛の各氏に師事。

演奏者に聞きたい♪ホルンの魅力♪

Q ホルンを選んだきっかけを教えてください。

A 中学生のときに吹奏楽部に入部してホルンをはじめました。家から通えるところに音楽科のある高校が2つあり、片方の私立高校の先生のレッスンを受けたことをきっかけに、ホルンでプロを目指すようになりました。

Q 一日にどれくらい、どのような練習をしていますか？

A 大学の授業以外では、一日に4、5時間くらい練習しています。ただ金管楽器はずっと吹きつづけられる楽器ではないので、こまめに休憩もしています。朝の練習は、ウォーミングアップで基礎練習をします。リップスラー（→p10）や音階などです。その後はエチュード（練習曲）や曲を練習しています。

> 練習するときは、演奏姿勢にとくに気をつけています。

Q ホルンを演奏していて一番うれしかったことを教えてください。

A 何度練習してもうまく演奏できなかったところが、できるようになったときが一番うれしいです。何度も練習して本番でうまく演奏できたときは、大きな達成感を得ることができました。

Q ホルンを演奏していて大変なことを教えてください。

A マウスピースが小さく、管がとても長い楽器なので、音をはずさずに吹くことが大変です。また、オーケストラではハーモニーをつくる楽器なので、ホルンメンバーやほかの楽器と音の高さを合わせて、和音を瞬時に整えることが難しいなと思います。

Q ホルンに向いている人（逆に向いていない人）は？

A オーケストラではホルンはソロでも活躍しますが、伴奏が多く、ハーモニーをつくるときなど、曲中にもロングトーンがよくあります。辛抱強く、影で根気強くがんばれる人が向いていると思います。逆に目立ちたいと思っている人はあまり向いていない気がします。

Q ホルンの魅力を教えてください。

A ホルンの一番の魅力は音色です。金管楽器にも木管楽器にもとけこめる音色なので、活躍の場が多くあります。とくにオーケストラでは、ソロはもちろんアンサンブルとしてもたくさん活躍します。優しい音から力強い音まで出せるので、いろいろな表現をすることができます。

Q 今後の目標や夢を教えてください。

A 目標はプロのオーケストラに入ることです。オーケストラという大きなアンサンブルを楽しみ、それをきいている方がたに最大限伝えられるようになれたらうれしいです。自分の意思を音楽で表現して、ホルンを通して伝えられるように、技術をみがいていきたいと思います。

Q 今までホルンを演奏してきたなかで印象に残っている舞台を教えてください。

A 高校生のとき、音楽科の定期演奏会で演奏したビゼーのオペラ「カルメン」が一番印象に残っています。オペラなのでオーケストラは「オーケストラピット」とよばれる舞台と客席より一段下がった場所で演奏します。ホルンに高音のソロがあり、練習でもうまくいく確率が低く、何度練習してもなかなか完璧に吹けませんでした。本番では今までで一番いい演奏ができました。

高校生のときの定期演奏会。舞台で演じられているオペラ「カルメン」の楽曲を、オーケストラピットで演奏した。

● おすすめの曲とききどころ ●

①チャイコフスキー「交響曲第5番第2楽章」
冒頭には、有名なホルンの長いソロがあります。とても美しいメロディーです。

②モーツァルト「ホルン協奏曲第1番」
モーツァルトの「ホルン協奏曲」は全部で4曲あり、その中の1曲です。テレビ番組のBGMでもつかわれていたこともあるため、きいたことのある人も多いのではないでしょうか。軽やかなメロディーできき やすく楽しい曲です。

③リヒャルト・シュトラウス「ティル・オイレンシュピーゲルの愉快ないたずら」
とても難しい曲ですが、きいていると本当に楽しいです。このほかに、リヒャルト・シュトラウスは「ホルン協奏曲」も作曲しており、ホルンをとてもかっこよくつかってくれています！

好きなホルン奏者

ラドヴァン・ヴラトコヴィチ
クロアチア出身のホルン奏者です。ソロやアンサンブルの公演で来日されることがあります。わたしもレッスンを受けたことがありますが、とても優しくわかりやすく教えてくださいました。なんといっても、つつみこむような大きな響きの音色は、本当に美しくすばらしいです。

ラデク・バボラーク
チェコ出身のホルン奏者です。頻繁に来日されているので、機会があれば、ぜひききに行ってみてください。テクニックが必要な場面でも、とてもかんたんそうに吹いてしまいます。それほど高い技術と表現力を持っています。

ホルンのなかまと歴史

ホルンの祖先は角笛です。英語ではHorn、イタリア語ではCornoといい、いずれも「角」を意味する名前です。ホルンという名のつく楽器はたくさんあるので、現代のホルンは「フレンチホルン」ともいわれます。

ホルンの歴史

角笛は狩りの合図などにつかわれていましたが、やがて、角の代わりに金属でつくられるようになります。こうして、「狩りのホルン」ともいわれる「コルノ・ダ・カッチャ」が生まれました。ここから、さらに音楽演奏のための「ナチュラルホルン」、郵便馬車などにつかわれた「ポストホルン」へと発展します。

16世紀まではおもに狩猟用の楽器として発達しましたが、17世紀末のバロック時代になるとオーケストラで使用されるようになりました。19世紀中ごろまでのホルンは「ナチュラルホルン」とよばれることもあったことからわかるように、大きく広げられたベルと、円形に丸められた管にマウスピースをつけただけの、非常にシンプルな構造でした。

19世紀中ごろになって、現在のようなロータリーバルブによって管の長さを瞬時に変えることのできるホルンが開発されました。バルブのついたホルンの登場によって、ホルン奏者たちは容易に安定した半音階が演奏できるようになったわけです。

◆現代のホルンになるまで

角笛
牛や羊などの角は中が空洞なので、先端に穴をあけて吹けば音が出て角笛となる。
※写真は20世紀につくられたもの。
写真提供：国立音楽大学楽器学資料館

コルノ・ダ・カッチャ（狩りのホルン）
馬に乗りながら吹くため、管を大きく巻いて肩にかけられる形となった。ベルはうしろのなかまに合図をするために、うしろ向きになったといわれている。
写真提供：浜松市楽器博物館

ビューグル
ヨーロッパの軍隊などで合図につかわれ、各国で独自の改良がされた。
写真提供：国立音楽大学楽器学資料館

ポストホルン
18世紀から19世紀ごろのヨーロッパで、郵便馬車の出発・到着を知らせるためにつかわれた。

ホルンのなかま

ホルンは、はじめは切りかえレバーがない「シングルホルン」でしたが、19世紀の末になって短い管と長い管を組みあわせた「ダブルホルン」（→p14）が発明され、20世紀には「トリプルホルン」が登場します。これらにくわえて管の長さを若干短くした「セミダブルホルン」や「セミトリプルホルン」もあります。

シングルホルン
F管とB♭管それぞれのシングルホルンがある。
写真提供：ヤマハ株式会社

トリプルホルン
F／B♭ダブルホルン（→p14）にオクターブ上のHigh F管がついたタイプ。音域は変わらないが、高音域が安定する。B♭管で演奏し、必要に応じて管を切りかえる。
写真提供：ヤマハ株式会社

ナチュラルホルン
オーケストラで使用するためコンパクトな巻きとなり、まだバルブはないが、ベルに入れた右手を操作することで音階を吹けるようになった。
写真提供：浜松市楽器博物館

現代のホルン（フレンチホルン）
写真提供：ヤマハ株式会社

コルネット（→p13） 写真提供：ヤマハ株式会社

フリューゲルホーン（→p13） 写真提供：ヤマハ株式会社

Trombone (Trb.)

トロンボーン

トロンボーンはスライドする長い管を動かすことで音の高さを変える楽器です。管の長さはトランペットの2倍以上で、テナートロンボーンは、トランペットよりも1オクターブ低い音が出ます。

■ 管をスライドして音階を演奏

トロンボーンは15世紀に存在したスライドトランペット（→p28）が発展してできた楽器です。当初から右手で管をスライドさせることによって、音階を演奏することができました。当時の金管楽器はピストンバルブ（→p8）やロータリーバルブ（→p16）がついておらず、出る音が限られていましたが、トロンボーンは音階演奏が可能な画期的な楽器だったのです。

マウスピース

支柱

マウスピース側の支柱は、楽器を構えたときのささえとして、外管（スライド管）の支柱は、管を動かすときの持ち手としてつかわれる。

写真提供：ヤマハ株式会社

主管抜差管（チューニング・スライド）
この部分を少しずつ動かして、ほかの楽器と音合わせ（チューニング）する。

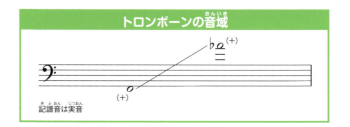

トロンボーンの音域

記譜音は実音

クローズアップ　トロンボーンのひみつ

　ほかの金管楽器のようなバルブではなく、スライド管を動かすことで音の高さを変えるのは、トロンボーンの大きな特徴です。スライドは2本の細い中管にU字の形をした太い外管がさしこんであります。

　現在はおもに、このページで取りあげているテナートロンボーン（写真中央）とテナーバストロンボーン（写真下）、さらに低音域を受けもつバストロンボーン（→p29）が使用されています。

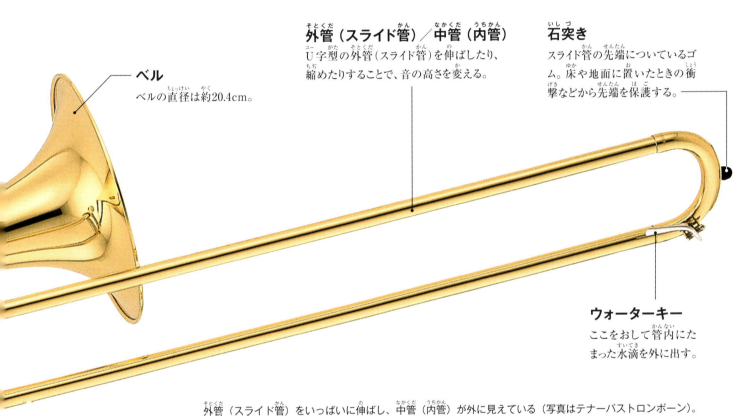

ベル
ベルの直径は約20.4cm。

外管（スライド管）／中管（内管）
U字型の外管（スライド管）を伸ばしたり、縮めたりすることで、音の高さを変える。

石突き
スライド管の先端についているゴム。床や地面に置いたときの衝撃などから先端を保護する。

ウォーターキー
ここをおして管内にたまった水滴を外に出す。

外管（スライド管）をいっぱいに伸ばし、中管（内管）が外に見えている（写真はテナーバストロンボーン）。

中管（内管）

外管（スライド管）

トロンボーンの演奏

音 の出るしくみ

トロンボーンは、ほかの金管楽器と同様にマウスピースにあてたくちびるを振動させて音を出す楽器です（→p8）。音の高さは外管（スライド管）を伸び縮みさせることによって変えています。管が長くなるほど低い音が出ます。

トロンボーンのスライド管の位置には、下の写真のように7つのポジションがあります。同じポジションでも口の形や息のスピードなどをコントロールすることで、いくつかのちがう高さの音を出すことができます。管をスライドすることによって音階を吹くことができますが、目印はついていません。演奏者は体と耳で正確な管の位置を覚えます。

第1ポジション
管を全部入れた状態。

第2ポジション
第1ポジションと第3ポジションの中間。

第3ポジション
ベルの端のあたり。

第4ポジション
第3ポジションと第6ポジションの長さの3分の1をぬいたあたり。

第5ポジション
第3ポジションと第6ポジションの長さの3分の2をぬいたあたり。

第6ポジション
内管の「でっぱり」のあたり。

第7ポジション
腕を伸ばしきったあたり。

演奏方法

　トロンボーンは左手で楽器をささえ、右手でスライド管を動かします。演奏するときは、まず、左手の親指をベル側の支柱にかけて、マウスピース側の支柱のつけ根あたりを中指・薬指・小指の3本で握ります（このページの写真はテナーバストロンボーンのため、親指は別のレバーにかけています）。人差し指はマウスピースの下の方にそえて楽器を持ち、マウスピースがくちびるの真ん中にくるように楽器を構えます。スライド管は右手の親指・人差し指・中指の3本で支柱の下の方を持ってなめらかに動かします。

〈トロンボーンの構え方〉

左手首はまげずにひじからまっすぐのばし、ベルが正面にくるように楽器を構える。

くちびるをはって、横から息がもれないようにマウスピースにまっすぐ息を吹きこむ。

演奏者に聞いてみよう！

● トロンボーン奏者
植木 穂高 さん

国立音楽大学音楽学部演奏・創作学科弦管打楽器専修4年。
東京都生まれ。9歳よりトロンボーンをはじめる。2014年ジャック・モージェ氏の公開レッスン、2017年ロベルト・カイプ氏のマスタークラスを受講。これまでにトロンボーンを金澤茂、古賀慎治、小田桐寛之の各氏に師事。

演奏者に聞きたい♪ トロンボーンの魅力♪

 トロンボーンを選んだきっかけを教えてください。

 小学校4年生のときに学校のクラブ活動で金管バンド部に入りました。当初はドラムを希望していたのですが、トロンボーンの先輩方の熱い勧誘を受け、トロンボーンを吹くことにしました。

小学校6年生ごろ。小学校の金管バンド部では、トロンボーンを3年間続け、夢中になった。

 トロンボーンを演奏していて一番うれしかったことを教えてください。

 和音を担当することの多い楽器なので、きれいなハーモニーを演奏することができて、それをお客さんからほめていただいたときが一番うれしいです。

 トロンボーンを演奏していて大変なことを教えてください。

 スライドを駆使して演奏するので、ほかの楽器のような速くて細かい動きが難しく、くやしいと思うことが多いです。正確な音の高さを出すのも難しいです。

 毎日どのような練習をしていますか？

 まず楽器を吹く前にストレッチ、肺をふくらませて息を吸えるようにするための準備からはじめます。5分ほど、息を吸ってはいてをくりかえして、肺のストレッチが完了してから楽器を吹きます。音階の練習やリップスラー（→p10）をたくさん練習するよう心がけています。

 トロンボーンに向いている人（逆に向いていない人）は？

 普段はのんびり屋さんでも、「やるときはやる！」という人は向いていると思います。オーケストラだと休みが多いので、長い休符を楽しめる人も向いていると思います。

最初は、できる限り美しい音を朗々と吹けるようたくさんイメージしてから音を出します。

トロンボーン

Q トロンボーンの魅力を教えてください。

A 長い休符のあいだ出番をまちつづけて、ようやく出番が来たときに、ビシッと、大きな音やきれいなハーモニーを吹いているトロンボーン奏者はとてもかっこいいです。また、スライドを伸び縮みさせてさまざまなことができるので、ユニークで楽しいです。

Q 今後の目標や夢を教えてください。

A まずはプロフェッショナルな演奏者を目指して、オーケストラや吹奏楽団などプロの楽団のオーディションにたくさん挑戦したいと思います。トロンボーンには、いろいろな可能性があると思うので、これから挑戦していきたいと思っています。

Q 今までトロンボーンを演奏してきたなかで印象に残っている舞台を教えてください。

A 2016年に国立音楽大学創立90周年記念演奏会で、準・メルクル先生の指揮でベートーベンの「交響曲第9番」を演奏したことです。演奏していて自分でもとても感動しました。

国立音楽大学創立90周年記念演奏会。サントリーホールの大ホールで、「交響曲第9番」（合唱つき）を演奏した。

写真提供：国立音楽大学

好きなトロンボーン奏者

イアン・バウスフィールド
イギリス出身のトロンボーン奏者です。ウィーン・フィルハーモニー管弦楽団とウィーン国立歌劇場の首席奏者を務めた後ソリストとして大活躍しています。圧倒的なテクニックと変幻自在の演奏に魅了されます。

チャールズ・バーノン
シカゴ交響楽団のバストロンボーン奏者です。ストレスの一切ない、まるで歌っているように演奏する方です。バストロンボーンだけでなくアルトトロンボーンからコントラバストロンボーンまで、音域のちがうさまざまなトロンボーンを楽しそうに吹く方です。

クリスティアン・リンドベルイ
スウェーデン出身のトロンボーン奏者です。トロンボーンの可能性をものすごく開拓した方です。最近は作曲家、指揮者としても活躍されています。

● おすすめの曲とききどころ ●

①デリク・ブルジョワ「トロンボーン協奏曲」
第2楽章のトロンボーンの旋律は、きいていて心が熱くなります。第3楽章ではとても速いテンポで演奏します。高度なテクニックやトロンボーンならではの技巧が楽しめます。

②マーラー「交響曲第2番『復活』」
第5楽章での厳かなハーモニーは、きいていて鳥肌が立ちます。きれいなハーモニーだけでなく、とても大きな音で演奏するところもあるためトロンボーンのかっこいい一面も知ることができます。

トロンボーンのなかまと歴史

「トロンボーン」という名前は元は「大きなラッパ」という意味でした。
トランペットの祖先とされる楽器から派生し、
最初につくられた15世紀から基本的な構造は変わっていません。

トロンボーンの歴史

外管（スライド管）を伸び縮みさせて音の高さを変えるトロンボーンの基本的な構造は、500年前から変わっていませんが、ベルの形や管の太さは大きく変わりました。昔の楽器はトランペットに近い形をしていました。

のちに、トロンボーンの原型「サックバット」が誕生し、教会の合唱の伴奏などに用いられるようになりました。以後300年のあいだ、トロンボーンは神聖な楽器として、教会の外で演奏されることは、滅多にありませんでした。

交響曲で最初にトロンボーンをつかったのは、1808年に初演されたベートーベンの「交響曲第5番（運命）」です。その後、19世紀ごろにオーケストラでトロンボーンが定着していきました。

写真提供：浜松市楽器博物館

スライドトランペット

ピストンを持たないナチュラルトランペット（→p12）にスライド管をつけた楽器。

サックバット

1600～1700年代にヨーロッパの教会で合唱の伴奏をするためにつかわれていた。トロンボーンの原型になった楽器。現代のトロンボーンとくらべて、ベルがあまり開いておらず、小さい。

写真提供：浜松市楽器博物館

トロンボーン

トロンボーンのなかま

　テナートロンボーン（→p22中央）のほか、バストロンボーンや、テナーバストロンボーン（バルブの操作で管を長くする装置を取りつけてバスの音域まで演奏を可能にした→p24〜25）がつかわれています。かつては、ソプラノトロンボーン、アルトトロンボーンやコントラバストロンボーンなどがありましたが、最近ではつかわれることがあまりなくなっています。

バストロンボーン
テナートロンボーンより管が太く、長くなっていて、低音が出しやすい。

アルトトロンボーン
テナートロンボーンよりも管の長さが短く、高音が出しやすい。モーツァルトやベートーベンの時代の曲を演奏するときにつかう。

写真提供：ヤマハ株式会社

写真提供：ヤマハ株式会社

バルブトロンボーン
トランペットのようにピストンバルブで音の高さを変えるトロンボーン。一時はスライド式よりもてはやされたが、現在ではほとんどつかわれていない。

写真提供：ヤマハ株式会社

チューバ

Tuba (Tub.)

チューバは、金管楽器の中で最も大きく、最も低い音が出ます。太い円すい形の管を持ち、バルブの操作で音の高さを変えます。サイズやバルブの方式にはさまざまなタイプがあります。

■ 管楽器の最も低い音を奏でる

チューバは、オーケストラや吹奏楽で、弦楽器のコントラバス（→1巻）とともに、低音のリズムを刻み、ハーモニーをささえる重要な楽器です。

トランペットやトロンボーンはベルを前に向けて、ホルンはベルはうしろに向けて演奏するのに対して、チューバはベルを上に向けるものや右向きなどさまざまな形があるのが特徴です。さらに、ピストンバルブ（→p8）のものと、ロータリーバルブ（→p16）のものがあり、管の長さや太さにちがいがあるなど多種多様な楽器です。

マウスピース
マウスピースも金管楽器の中で一番大きく、重い。

レバー
ベル側から、第1、第2、第3、第4レバーという。右手の人差し指、中指、薬指、小指でおす。

主調整管（メインチューニングスライド）
この部分を少しずつ動かして、ほかの楽器と音合わせ（チューニング）する。

ウォーターキー
ここをおして管内にたまった水滴を外に出す。

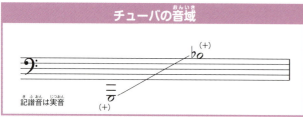

チューバの音域
記譜音は実音

写真提供：ヤマハ株式会社

🔍クローズアップ　チューバのひみつ

　チューバはベルに向かって管が少しずつ太くなっています。ぐるぐると巻いてある管をのばすと400cm以上あり、重さは10kg以上もあります。

ベル
メガホンのような円すい形。ベルの直径は約45cm。

クローズアップ！

第1レバー
第2レバー
第3レバー
第4レバー

第1ロータリーバルブ
第2ロータリーバルブ
第3ロータリーバルブ
第4ロータリーバルブ

ロータリーバルブ
第1、第2、第3、第4レバーをおして動かし、息の通り道を切りかえる。チューバは楽器によってバルブの数が異なり、3個ついている楽器や6個ついている楽器もある。バルブがついている位置もさまざま。

チューバの演奏

音 の出るしくみ

　チューバは、ほかの金管楽器と同様にマウスピースにあてたくちびるを振動させて音を出す楽器です（→p8）。

　バルブのシステムは決まっておらず、トランペットのようなピストンバルブと、ホルンのようなロータリーバルブ（→p31）の楽器があります。ピストンやレバーをおすことで、息の通り道が切りかわって管が長くなります。

くちびるで発生した振動は管の内部の空気に伝わる。管はベルに向かって太くなっている。

ピストンバルブのバスチューバ。

写真提供：
ヤマハ株式会社

チューバの特徴は巨大なベル。ベルの大きさも楽器によって異なる。

演奏方法

　ロータリーバルブのチューバは左手で楽器をささえ、右手でレバーを操作して演奏します。演奏するときは、いすに座り、太ももやスタンドの上に楽器を置きます。右手は第1、第2、第3、第4レバーの順に、人差し指、中指、薬指、小指をのせます。ロータリーバルブの場合、ベルは奏者の左に向くように構えます。

〈チューバの構え方〉

右手でレバーをおす。レバーも大きいため、指を大きく広げておしている。

楽器が大きく、重いので、左手で外側の太い管をしっかりささえていすに座って演奏する。

演奏者に聞いてみよう！

● チューバ奏者

羽賀 英衣 さん

国立音楽大学音楽学部演奏・創作学科弦管打楽器専修4年。
岡山県生まれ。3歳よりバイオリン、12歳よりチューバをはじめる。第45回山陽学生音楽コンクール第2位、第2回全日本高等学校管打楽器ソロコンクール最優秀賞、第21回KOBE国際音楽コンクール金管楽器部門優秀賞受賞。これまでにチューバを佐藤和彦、濱地洋伸の各氏に師事。

演奏者に聞きたい♪チューバの魅力♪

Q チューバを選んだきっかけを教えてください。

A 中学1年生のときに、吹奏楽部に入部したことがきっかけです。最初はユーフォニアムを希望していましたが、顧問の先生にチューバをすすめられて担当することになりました。高校生のときに現在師事している佐藤和彦先生と出会い、大学でチューバを専攻することに決めました。

中学生のときの吹奏楽部の演奏会。

佐藤和彦先生（左）と羽賀英衣さん。

Q 一日にどれくらい、どのような練習をしていますか？

A 毎日平均5時間練習しています。ウォーミングアップはしっかりおこなうよう心がけていて、ロングトーン、音階練習、タンギング練習（→p10）をおこなってから曲を練習します。どんなに難しい譜面でもよい音色で演奏することを心がけています。肺活量を増やすためにジョギングや水泳を週3回おこなっています。

Q チューバを演奏していて一番うれしかったことを教えてください。

A メロディー楽器を演奏しているなかまから「やっぱりチューバがいるといないとではちがう」といわれたことです。

Q チューバを演奏していて大変なことを教えてください。

A 管楽器の中では一番大きくて、楽器の重さが約10kgあるので、持ち運びするのが大変です。チューバの演奏でバンド全体の演奏速度が決まるともいえるので、演奏速度をキープすることが難しいです。オーケストラのチューバの譜面は休符が多いので、自分の出番まで休符を数えるのが大変なこともあります。

Q チューバに向いている人（逆に向いていない人）は？

A チューバ奏者には、大らかな人や体格がしっかりしている人が多いように感じます。メロディーが少ないので目立ちたい人は向いていないかもしれません。

Q チューバの魅力を教えてください。

A オーケストラや吹奏楽などの最低音部を担当し、全体の響きを下からささえることができるのはチューバだけなので、「縁の下の力持ち」という言葉はチューバ奏者のためにあるように感じます。

 Q 今後の目標や夢を教えてください。

A わたしの演奏する姿を見て、チューバを演奏したいと思ってくれる人が増えたらとてもうれしいです。音楽を楽しみたいので、楽しむために苦しい練習を乗りこえていきたいと思っています。

 Q 今までチューバを演奏してきたなかで印象に残っている舞台を教えてください。

 A

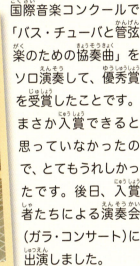

①大学2年生の冬にKOBE国際音楽コンクールで「バス・チューバと管弦楽のための協奏曲」をソロ演奏して、優秀賞を受賞したことです。まさか入賞できると思っていなかったので、とてもうれしかったです。後日、入賞者たちによる演奏会（ガラ・コンサート）に出演しました。

②大学3年生の3月に、岡山出身の首都圏に住む音大生（チューバ専攻）なかまと、地元岡山でチューバアンサンブルコンサートを企画し、出演しました。ずっと応援してくれている人や先生に演奏をきいてもらえて、とてもうれしかったです。

● おすすめの曲とききどころ ●

①ベルリオーズ「幻想交響曲」
チューバのきどころは、第4楽章、「断頭台への行進」と第5楽章「魔女の夜宴の夢」です。チューバだけでメロディを演奏するめずらしい曲です。

②ヴォーン＝ウィリアムズ「バス・チューバと管弦楽のための協奏曲」
最もよく演奏されるチューバ協奏曲です。第2楽章の甘美な旋律がお気に入りです。わたしはKOBE国際音楽コンクールで演奏しました。

③ムソルグスキー「展覧会の絵」
「ビドロ（牛車）」という曲のチューバにしてはかなり高音域で、プロも苦戦する長い独奏が有名です。

好きなチューバ奏者

佐藤和彦
新日本フィルハーモニー交響楽団の首席チューバ奏者。CDも出されています。わたしの師匠です。

ステファン・ラベリ
パリ管弦楽団の首席チューバ奏者です。オーケストラだけでなく金管五重奏などのアンサンブルでも来日されています。

チューバのなかまと歴史

チューバは元は「管」という意味のラテン語で、管楽器全体をあらわす言葉でした。現在のような低音の金管楽器としてのチューバやユーフォニアムが登場するのは、19世紀になってからのことです。

チューバの歴史

チューバは国や時代によってさまざまな形をしていて、現在でもその大きさや形状は定まっていません。

チューバが登場するまでは、低音を担当する楽器はバルブではなく指穴の開閉で音の高さを変えていました。

セルパン
16世紀以降におもにフランスでつかわれていた木でつくられた楽器。くちびるを振動させて音を出し、リコーダー（→2巻）のように指で穴を開けたり閉じたりして、音の高さを変えた。低音楽器の祖先といえる楽器。セルパンとはフランス語で蛇のこと。
写真提供：国立音楽大学楽器学資料館

オフィクレイド
1821年にフランスのアラリが特許を取った金属製の低音楽器。サクソフォン（→2巻）のようにキーの開閉で音の高さを変えた。その後、オフィクレイドにバルブをつけた「ボンバルドン」という楽器も発明された。
写真提供：浜松市楽器博物館

モーリッツのバスチューバ
今のチューバのようにピストンバルブがついた最初のチューバが登場した。1835年にベルリンのモーリッツによって考案された。

チューバのなかま

チューバとユーフォニアム（→p38）はモーリッツのバスチューバを祖先とするなかまの楽器です。

このほか、チューバのなかまには、スーザフォーン、マーチングチューバなどがあります。

スーザフォーン
管を肩にかついで、パレードやマーチングバンドで行進しながら演奏する。アメリカの作曲家ジョン・フィリップ・スーザによって考案されたので、その名前がついている。3本または4本のピストンバルブを持ち、チューバ奏者によって演奏される。

写真提供：ヤマハ株式会社

マーチングチューバ
マーチングバンドで演奏するためのチューバ。垂直ではなく水平方向に構え、ベルを前に向けて行進しながら吹く。

写真提供：ヤマハ株式会社

ユーフォニアム

Euphonium (Euph.)

ユーフォニアムは、管の長さがチューバの半分ほどで、チューバよりも高い音が出ます。オーケストラでの使用は多くはありませんが、吹奏楽では中低音域に欠かせない楽器です。

■ 吹奏楽やブラスバンドで活躍

ユーフォニアムは、テナートロンボーンとほぼ同じ音域を担当しますが、音色はホルンに近く、やわらかく丸みのある音を持ちます。オーケストラでの使用が多くないため、金管楽器の中では、あまり知られていない楽器でしたが、吹奏楽やブラスバンドではなくてはならない楽器で、近年、活躍の場を広げています。

ベル
ベルの直径は約28cm。

クローズアップ！

第1ピストンバルブ
第2ピストンバルブ
第3ピストンバルブ
第4ピストンバルブ

ピストンバルブ
第1、第2、第3、第4ピストンをおして動かし、息の通り道を切りかえる。3本ピストンのものと4本ピストンのものがある。

クローズアップ　ユーフォニアムのひみつ

ユーフォニアムの形はチューバとよく似ていますが、管の太さや長さ、巻き方にちがいが見られます。本体はほとんどのユーフォニアムは真ちゅう製ですが、表面の仕上げはクリアラッカー仕上げ*（写真）、銀メッキ仕上げなどさまざまです。

* 顔料を混入しない透明なラッカー。

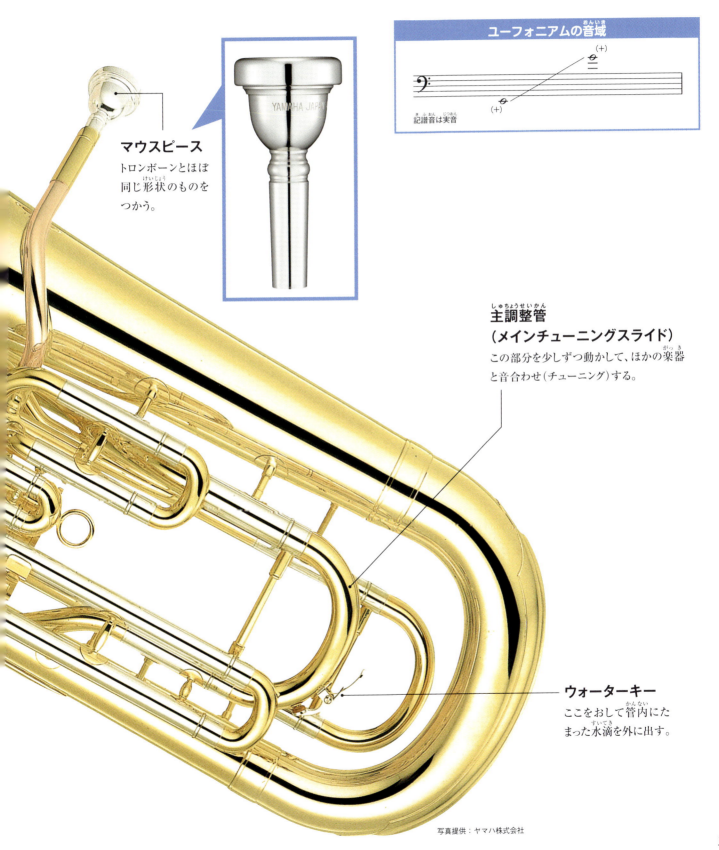

ユーフォニアムの音域
記譜音は実音

マウスピース
トロンボーンとほぼ同じ形状のものをつかう。

主調整管（メインチューニングスライド）
この部分を少しずつ動かして、ほかの楽器と音合わせ（チューニング）する。

ウォーターキー
ここをおして管内にたまった水滴を外に出す。

写真提供：ヤマハ株式会社

ユーフォニアムの演奏

演奏方法

　ロータリーバルブのチューバと同様に、ユーフォニアムは左手で楽器をささえ、右手でピストンバルブを操作して演奏します。演奏するときは、右手は第1、第2、第3ピストンの順に、人差し指、中指、薬指をのせます。ベルは奏者の右に向くように構えます。

〈ユーフォニアムの構え方〉

第4ピストンは楽器によってついている位置が異なる。左手の人差し指や右手の小指で操作する。

構えるときは、無理のない演奏姿勢に楽器を持っていく。

立って演奏することもできるが、楽器が重いので座って演奏することが多い。座ったときは、楽器を太ももの上において演奏する奏者もいる。

ユーフォニアムのなかまと歴史

ユーフォニアムの祖先は、1843年に開発されたゾンメロフォンであるという説が最も有力です。元はオイフォニオン（Euphonion）とよばれていましたが、この名前はギリシャ語の"euphonos"「よい響き」に由来しています。

ユーフォニアムの歴史

現在の形のチューバは「バスチューバ（低音の管の意味）」という名前で、1835年にベルリンでモーリッツによって考案されました（→p36）。

モーリッツは、その3年後には、バスより音域の高い「テナーチューバ」を発表しました。このテナーチューバをドイツのフェルディナント・ゾンマーという人が改良し、「ユーフォニアム」と名づけました。この楽器が改良された「ゾンメロフォン」が現在のユーフォニアムの祖先とされています。

もうひとつのユーフォニアム

同じころ、ベルギーではサクソフォン（→2巻）の生みの親のアドルフ・サックスが金管楽器のシリーズとして、「サクソルン」をつくりました。サクソフォンと同様にソプラニーノ、ソプラノ、アルト、テナー、バリトン、バスの6種類のサクソルンのうち、バスサクソルンが当時ドイツで人気が出ていたユーフォニアムと同じ音域でした。そのため、サックスは、「バスサクソルン」を「ユーフォニアム」の名で売りだしました。その後、さらにイギリスで開発が続けられて、現在のユーフォニアムが登場したとも考えられます。

アドルフ・サックスが開発したサクソルン。

写真提供：浜松市楽器博物館

ユーフォニアムのなかま

ベルの位置や大きさに改良がくわえられ、さまざまな形のユーフォニアムがつくられました。

ダブルベル・ユーフォニアム

ふたつのベルを持つユーフォニアム。大きい方のベルからは、ユーフォニアム特有の穏やかな音色、小さい方のベルからは、トロンボーンのような明るい音色が出る。

演奏者に聞いてみよう！

● ユーフォニアム奏者
平出 和さん

国立音楽大学音楽学部演奏・創作学科弦管打楽器専修3年。
北海道生まれ。9歳よりコルネット、12歳よりユーフォニアムをはじめる。第16回日本ジュニア管打楽器コンクール金賞受賞。これまでにユーフォニアムを齋藤充、安東京平の各氏に師事。

演奏者に聞きたい♪ユーフォニアムの魅力♪

Q ユーフォニアムを選んだきっかけを教えてください。

A 父がバンド指導をしていた影響もあり、小学校の金管バンドでコルネットをはじめました。その後ユーフォニアムを少し小ぶりにしたバリトンを経て、中学1年生のときにユーフォニアムをはじめました。中学時代は学校の吹奏楽部のほか、一般の金管バンドにも参加して、毎日ユーフォニアムを吹いていました。

Q 一日にどれくらい、どのような練習をしていますか？

A 一日5時間から6時間程度練習をしています。マウスピースだけで音をならすことからはじめて、基礎練習（ロングトーン、リップスラー〈→p10〉、音階練習など）、エチュード（練習曲）、そして、曲の練習をおこなっています。常によい音を出すことを目指しています。自分の演奏を録音してきいたり、友人とアンサンブルをして音を合わせる練習をしたりすることもあります。

ぼくの故郷は北海道です。帰省するときは、ユーフォニアムの持ち運びが少し大変です！

Q ユーフォニアムを演奏していて一番うれしかったことを教えてください。

A 高校生のときにコンクールで金賞を受賞したことがうれしかったです。コンクールに出演するため、北海道から東京に行ったので、会場でとても緊張したことを覚えています。演奏が終わったときの開放感と達成感は今でも忘れられません。

Q ユーフォニアムを演奏していて大変なことを教えてください。

A 一番サイズの大きいチューバには負けますが、楽器自体の重さでしょうか。小、中学生が立って演奏するのは大変だと思います。比較的かんたんに音がなる楽器ですが、よい音を出すことには苦労しています。

Q ユーフォニアムに向いている人（逆に向いていない人）は？

A 縁の下の力持ちの人が向いていると思います。委員会でたとえていえば、副委員長とか書記です。先頭に立ってリーダーシップを発揮したい人には向いていないかもしれません。先頭にいるわけではないけど、いないと絶対困る存在でありたいとぼくは思っています。

Q ユーフォニアムの魅力を教えてください。

A 吹奏楽では対旋律＊を演奏したり、リズムを担当したり、いろいろなことを一曲の中で受けもっています。金管バンドでは花形楽器として、豊かなメロディーを演奏したり、高度な技術によるパフォーマンスを披露したりします。

Q 今後の目標や夢を教えてください。

A プロの演奏者として活躍していきたいです。また、ユーフォニアム、吹奏楽の指導者として、小、中学生に音楽の楽しさを伝えていけたらと考えています。

Q 今までユーフォニアムを演奏してきたなかで印象に残っている舞台を教えてください。

A 大学の演奏会で、東京オペラシティコンサートホールで演奏をしたことです。地方出身のぼくにとって、東京の大きなホールで演奏をすることは夢のようでした。

ユーフォニアムを専攻している大学の同期と平出和さん（右）。

好きなユーフォニアム奏者

スティーブン・ミード
イギリスのユーフォニアム奏者で、日本にもよく演奏にいらしています。ユーフォニアムのレパートリー拡大のために500曲以上の作品を初演されています。ぼくが中学生のときに初めて買ったユーフォニアムのCDがミードさんの演奏でした。ユーフォニアムでこんなことができるのかと、衝撃を受けました。

ブライアン・ボウマン
アメリカのユーフォニアム奏者で、アメリカの海軍音楽隊、空軍音楽隊にて首席奏者、ソリストとして活躍されていた方です。高校生のころ、ボウマン先生のグループレッスンを受講しましたが、その美しい音色には衝撃を受けました。

外囿祥一郎
日本を代表するユーフォニアム奏者です。高校を卒業されてから航空自衛隊に入隊され、数多くのコンクールで優勝し、日本だけでなく世界中でコンサートをされています。自衛隊を退職されてからは大学で後進の指導にあたられています。レパートリー拡大にも力を入れられていて、外囿さんのために書かれた日本人作曲家の作品は数多くあります。

● おすすめの曲ときどころ ●

①フィリップ・スパーク「パントマイム」
イギリスの作曲家、スパークの作品です。スパークはこの作品のほかにもユーフォニアムの作品を多数書いていますが、「パントマイム」は歌うように演奏する部分や、テクニックを披露する部分もあり、ユーフォニアム奏者の代表的なレパートリーです。

②ホルスト「吹奏楽のための第2組曲」
「惑星」で有名なイギリスの作曲家、ホルストの作品です。4楽章からなる吹奏楽の作品で、第1楽章と第4楽章にユーフォニアムの朗々とした長いソロと対旋律があります。

＊メロディーを効果的に補う別のメロディー。

さらにくわしく！
金管楽器のアンサンブル

アンサンブルとは、音楽用語で2人以上による演奏のことをさします。
金管アンサンブルは、金管楽器の演奏編成で、同じ種類の楽器、異なる楽器の組みあわせなど、多様な編成があります。

金管アンサンブル

金管楽器は、大きくわけると、シャープで明快な響きを持ったトランペット系（トランペット、トロンボーン）と、やわらかで丸みのある響きのホルン系（コルネット、フリューゲルホーン、ホルン、アルトホルン、ユーフォニアム、チューバ）の2つにわけられます。

金管楽器のアンサンブルではこれらをどのように組みあわせるのか見ていきます。

金管五重奏
トランペット×2、ホルン、トロンボーン、チューバ

写真提供：国立音楽大学

金管五重奏というと、この編成が標準となる。トロンボーンの代わりにユーフォニアム、チューバの代わりにバストロンボーンがつかわれることもある。指揮者はいないので、奏者がお互いの合図を確認できる配置にすることが大切。

写真提供：東海大学菅生高等学校

金管八重奏
トランペット×3、
ホルン×1、
トロンボーン×2、
ユーフォニアム、
チューバ

3〜8人の少人数による吹奏楽の演奏を競う、第40回東京都高等学校アンサンブルコンテストで、東海大学菅生高等学校（金管八重奏）は「花宴〜朧月夜に似るものぞなき〜」を演奏（2017年2月）。その後、3月の第40回全日本アンサンブルコンテストに都代表として出場し、金賞を受賞した。

◆金管アンサンブルのおもな形態

三重奏	・トランペット、ホルン、トロンボーン ・トランペット×2、トロンボーン
四重奏	・トランペット×2、ホルン、トロンボーン ・トランペット×2、トロンボーン×2 ・コルネット×2、アルトホルン、ユーフォニアム
五重奏	・トランペット×2、ホルン、トロンボーン、チューバ ・トランペット×2、ホルン、トロンボーン×2 ・トランペット×2、トロンボーン×3
六重奏	・トランペット×2、ホルン、トロンボーン、ユーフォニアム、チューバ ・トランペット×2、ホルン、トロンボーン×2、チューバ ・トランペット×3、トロンボーン×3
七重奏	・トランペット×2、ホルン、トロンボーン×2、ユーフォニアム、チューバ ・トランペット×2、ホルン×2、トロンボーン×2、チューバ
八重奏	・トランペット×3、ホルン×1、トロンボーン×2、ユーフォニアム、チューバ ・トランペット×4、トロンボーン×3、チューバ

・もっと知りたい・

全日本アンサンブルコンテスト

「全日本アンサンブルコンテスト」は、金管楽器、木管楽器、打楽器アンサンブルの全国大会。小編成アンサンブルの演奏精度を高めることが大切、という趣旨から、1978年よりはじまり、毎年開催されている。中学、高校、大学、職場・一般の部門がある。

さくいん

あ行

- アラリ ……………………… 36
- アルトトロンボーン …… 27、29
- アルトホルン ……………… 44、45
- アンサンブル ……… 42、44、45
- 安東京平(あんどうきょうへい) ………………… 42
- 井上直樹(いのうえなおき) ……………………… 10
- 岩井直溥(いわいなおひろ) ……………………… 11
- 植木穂高(うえきほだか) ………………………… 26
- ヴォーン=ウィリアムズ …… 35
- ヴラトコヴィチ, ラドヴァン … 19
- オーケストラ …… 6、7、10、14、18、19、20、21、26、27、28、30、34、35、38
- 小田桐寛之(おだぎりひろゆき) ………………… 26
- オフィクレイド …………… 36
- 音域(おんいき) ……… 5、7、14、21、22、27、29、30、38、39、41

か行

- カイプ, ロベルト ………… 26
- 金澤茂(かなざわしげる) ………………………… 26
- 金管アンサンブル(きんかん) ……… 44、45
- 金管楽器(きんかんがっき) ……… 4、6、8、11、14、17、18、19、22、23、24、30、32、36、38、41、44、45
- 金管五重奏(きんかんごじゅうそう) …………… 44
- 金管八重奏(きんかんはちじゅうそう) ………… 45
- 国立音楽大学(くにたち) …… 10、18、26、27、34、42

さ行

- 弦楽器(げんがっき) ……………… 14、30
- 古賀慎治(こがしんじ) …………………… 26
- 小番由華(こつがいゆか) ………………… 10
- コルネット …… 13、21、42、44
- コルノ・ダ・カッチャ（狩(か)りのホルン） ……………………… 20
- コントラバス ……………… 30
- コントラバストロンボーン …………………… 27、29

さ行

- 齋藤磨理子(さいとうまりこ) …………………… 18
- 齋藤充(さいとうみつる) ………………………… 42
- サクソフォン ………… 36、41
- サクソルン ………………… 41
- サックス, アドルフ ……… 41
- サックバット …………… 28
- 佐藤和彦(さとうかずひこ) ……………… 34、35
- ジャズ ……………………… 6
- シュトラウス, リヒャルト …… 19
- シングルホルン ……… 17、21
- 吹奏楽(すいそうがく)(部(ぶ)／団(だん)) ……… 6、7、10、18、27、30、34、35、38、42、43、45
- スーザ, ジョン・フィリップ … 37
- スーザフォーン …………… 37
- スパーク, フィリップ … 11、43
- スライドトランペット … 22、28
- セルパン …………………… 36
- 全日本アンサンブルコンテスト … 45
- ソプラノトロンボーン ………… 29

- ゾンマー, フェルディナント … 41
- ゾンメロフォン …………… 41

た行

- 打楽器(だがっき) ……………… 11、45
- ダブルベル・ユーフォニアム … 41
- タンギング ………… 10、34
- チャイコフスキー ………… 19
- チューバ … 4、5、30、31、32、33、34、35、36、37、38、39、40、41、42、44、45
- 角笛(つのぶえ) ………………… 14、20
- テナーバストロンボーン ………………… 23、25、29
- 寺田妃袈里(てらだひかり) ……………………… 18
- トゥリン, ジョゼフ ……… 11
- トランペット ……… 4、5、6、7、8、9、10、11、12、13、16、22、28、29、30、32、44、45
- トリプルホルン …………… 21
- トロンボーン（テナートロンボーン） ……… 4、5、22、23、24、25、26、27、28、29、30、38、39、41、44、45

な行

- 中島大之(なかじまひろゆき) …………………… 18
- ナチュラルトランペット … 12
- ナチュラルホルン ……… 20、21

は行

バーノン, チャールズ ………… 27
バイオリン …………………… 34
バウスフィールド, イアン … 27
羽賀英衣 ……………………… 34
バスサクソルン ……………… 41
バスチューバ ………………… 32
バストロンボーン ……… 23、27、
　　29、44
バッハ ………………………… 12
バボラーク, ラデク ………… 19
濱地洋伸 ……………………… 34
バルサム, アリソン ………… 11
バルブトランペット ………… 12
バルブトロンボーン ………… 29
ピストンバルブ ………… 6、7、8、
　　9、13、22、29、30、32、
　　36、37、38、40
ビゼー ………………………… 19
日高剛 ………………………… 18
ピッコロトランペット … 11、13
ビューグル …………………13、20
平出和 ………………………… 42
ビルジャー, デイヴィッド
　　……………………………10、11
ファンファーレトランペット … 13
ブラスバンド ………………… 38
ブラント, ウィリー（ヴァシリー）
　　……………………………… 11
フリューゲルホーン
　　………………………13、21、44
ブルジョワ, デリク ………… 27
フレンチホルン ………… 20、21
フンメル, ヨハン・ネポムク … 11
ベートーベン … 14、27、28、29
ベル ……………… 6、7、8、9、12、
　　13、14、16、17、20、21、
　　23、24、25、28、30、31、
　　32、33、37、38、40、41
ベルリオーズ ………………… 35
ヘンデル ……………………… 12
ボウマン, ブライアン ……… 43
外囿祥一郎 …………………… 43
ポストホルン ………………… 20
ホルスト ……………………… 43
ホルン（ダブルホルン）… 4、5、
　　13、14、15、16、17、18、
　　19、20、21、30、32、38、
　　44、45
ボンバルドン ………………… 36

ま行

マーチングチューバ ………… 37
マーチングバンド …………… 37
マーラー ……………………… 27
マウスピース ………… 4、6、
　　7、8、9、15、16、18、
　　20、22、24、25、30、32、
　　39、42
松浦謙 ………………………… 18
ミード, スティーブン ……… 43
ミュート ……………………… 16
ムソグルスキー ……………… 35
メルクル, 準 ………………… 27
モージェ, ジャック ………… 26
モーツァルト …………… 19、29
モーリッツ ……………… 36、41
モーリッツのバスチューバ
　　………………… 36、37、41
木管楽器 …………… 14、19、45

や行

山本英助 …………………10、11
ユーフォニアム ………… 4、5、
　　34、36、37、38、39、40、
　　41、42、43、44、45

ら行

ラセロムズ, ヴィム ………… 11
ラベリ, ステファン ………… 35
リコーダー …………………… 36
リップスラー … 10、18、26、42
リンドベルイ, クリスティアン … 27
ロヴァット＝クーパー, ポール … 11
ロータリートランペット …… 13
ロータリーバルブ ……… 8、13、
　　14、15、16、20、22、30、
　　31、32、33、40
ロッソ, ニニ ………………… 11
ロングトーン … 10、18、34、42

■監修
国立音楽大学／国立音楽大学楽器学資料館

■監修主幹
中溝一恵（なかみぞかずえ）（第1巻～第3巻担当）
国立音楽大学楽理学科卒業。同大学楽器学資料館学芸員を経て現在、国立音楽大学准教授・楽器学資料館副館長。

横井雅子（よこいまさこ）（第4巻・第5巻担当）
桐朋学園大学音楽学部作曲理論学科卒業。東京藝術大学大学院音楽研究科音楽学専攻修了。現在、国立音楽大学教授・楽器学資料館館長。

神原雅之（かんばらまさゆき）（第6巻担当）
国立音楽大学教育音楽学科卒業。広島大学大学院学校教育研究科音楽教育専攻修了。2004年から国立音楽大学教授（2018年3月退任）。

■協力
国立音楽大学

■取材協力
小番由華（トランペット）、寺田妃袈里（ホルン）、植木穂高（トロンボーン）、羽賀英衣（チューバ）、平出和（ユーフォニアム）

この本の情報や演奏者の所属は、2017年12月時点のものです。
今後変更になる可能性がございますので、ご了承ください。

■編集・デザイン
こどもくらぶ
（長野絵莉・矢野瑛子）

■制作
（株）エヌ・アンド・エス企画

■演奏者撮影
小島真也

■写真協力（敬称略）
国立音楽大学
国立音楽大学楽器学資料館
浜松市楽器博物館
ヤマハ株式会社
p20：ポストホルン／© Kandschwar
p41：ダブルベル・ユーフォニアム／
© Scowill ¦ Dreamstime
表紙：トランペット、ホルン／ヤマハ株式会社
大扉：ビューグル／国立音楽大学楽器学資料館
裏表紙：ナチュラルホルン／浜松市楽器博物館

■おもな参考文献
戸口幸策監修『クラシック音楽事典』平凡社、2001年
佐伯茂樹著『カラー図解楽器の歴史』河出書房新社、2008年
トム・ゲルー／デイヴ・ブラック著、元井夏彦訳、八木澤教司監修『エッセンシャル・ディクショナリー 楽器の音域・音質・奏法』ヤマハミュージックメディア、2016年
『ケータイに便利な世界の楽器詳解図鑑』シンコーミュージック・エンタテイメント、2015年
Baines, Anthony. *Brass Instruments: Their History and Development.* Dover Publications, 2012.
The Grove Dictionary of Musical Instruments. 2nd ed. Oxford University Press, 2014.

演奏者が魅力を紹介！ 楽器ビジュアル図鑑 **3** 金管楽器　トランペット ホルン ほか　　N.D.C.763

2018年4月　　第1刷発行
2024年1月　　第3刷

監修　　国立音楽大学／国立音楽大学楽器学資料館
編　　　こどもくらぶ
発行者　千葉 均　　編集　浦野由美子
発行所　株式会社ポプラ社
　　　　〒102-8519　東京都千代田区麹町4-2-6　8・9F
　　　　ホームページ www.poplar.co.jp
印刷　　瞬報社写真印刷株式会社
製本　　株式会社難波製本

Printed in Japan
●落丁・乱丁本はお取り替えいたします。
　ホームページ（www.poplar.co.jp）のお問い合わせ一覧よりご連絡ください。
●本書のコピー、スキャン、デジタル化等の無断複製は著作権法上での例外を除き禁じられています。
　本書を代行業者等の第三者に依頼してスキャンやデジタル化することは、たとえ個人や家庭内での利用であっても著作権法上認められておりません。

47p 29cm
ISBN978-4-591-15743-5

演奏者が魅力を紹介！
楽器ビジュアル図鑑
全6巻

1 弦楽器・鍵盤楽器
バイオリン　ピアノ　ほか
55ページ　N.D.C.763

2 木管楽器
フルート　サクソフォン　ほか
55ページ　N.D.C.763

3 金管楽器
トランペット　ホルン　ほか
47ページ　N.D.C.763

4 打楽器・世界の楽器
ティンパニ　馬頭琴　ほか
55ページ　N.D.C.763

5 日本の楽器
箏　尺八　三味線　ほか
47ページ　N.D.C.768

6 いろいろな合奏
オーケストラ　吹奏楽　ほか
47ページ　N.D.C.764

監修　国立音楽大学／国立音楽大学楽器学資料館
編　こどもくらぶ

小学校中学年〜中学生向き
A4変型判
図書館用特別堅牢製本図書

ポプラ社はチャイルドラインを応援しています

18さいまでの子どもがかけるでんわ
チャイルドライン®
0120-99-7777
毎日午後4時〜午後9時
電話代はかかりません　携帯(スマホ)OK

18さいまでの子どもがかける子ども専用電話です。
困っているとき、悩んでいるとき、うれしいとき、
なんとなく誰かと話したいとき、かけてみてください。
お説教はしません。ちょっと言いにくいことでも
名前は言わなくてもいいので、安心して話してください。
あなたの気持ちを大切に、どんなことでもいっしょに考えます。

チャット相談はこちらから

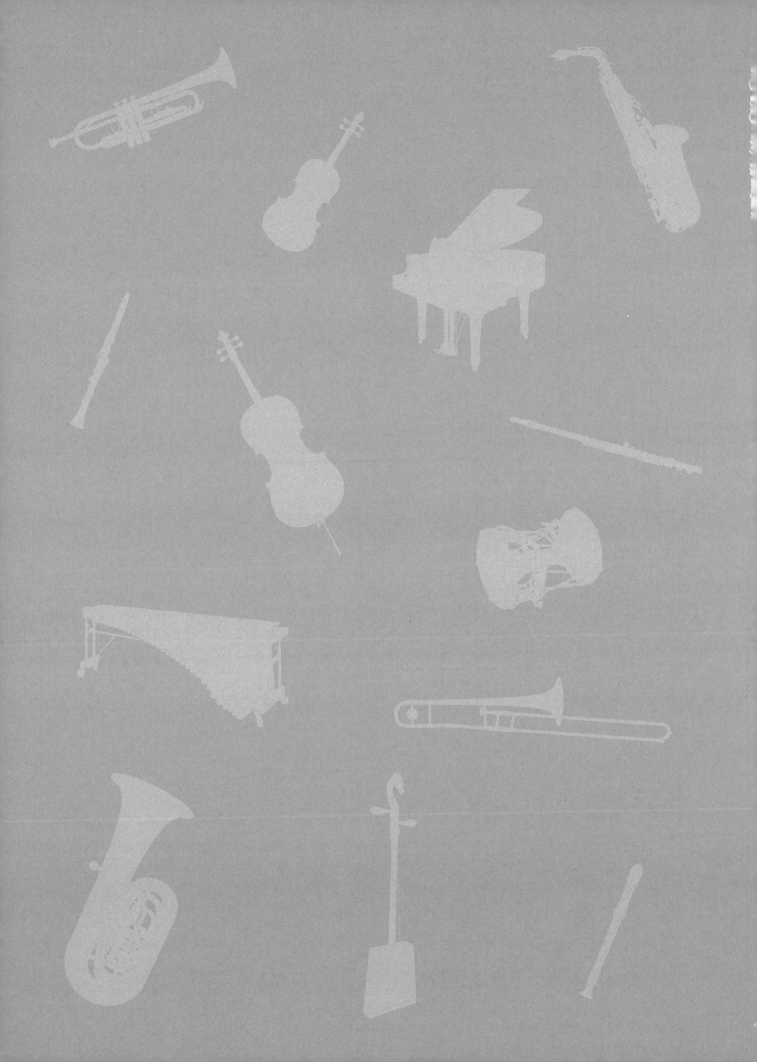